# RAPPORT

DES

# DÉLÉGUÉS DU HAVRE

AU CONGRÈS OUVRIER DE PARIS

1876

Suivi du Rapport de la Commission d'initiative pour la création de Chambres syndicales ouvrières et l'envoi de délégués au Congrès ouvrier

PRIX : 25 CENTIMES

VENDU AU PROFIT DES CHAMBRES SYNDICALES

HAVRE

Imprimerie du Progrès, quai d'Orléans, 19

1876

# RAPPORT

DES

# DÉLÉGUÉS DU HAVRE

## AU CONGRÈS OUVRIER DE PARIS

1876

Suivi du Rapport de la Commission d'initiative pour la création de Chambres syndicales ouvrières et l'envoi de délégués au Congrès ouvrier

PRIX : 25 CENTIMES

VENDU AU PROFIT DES CHAMBRES SYNDICALES

HAVRE

Imprimerie du Progrès, quai d'Orléans, 19

1876

# CONGRÈS OUVRIER DE PARIS

## 1876

# RAPPORT DES DÉLÉGUÉS DU HAVRE

CITOYENS,

La presse, par la voix des journaux, quelle que soit la nuance à laquelle ils appartiennent, vous a dit les conditions dans lesquelles le Congrès a tenu ses séances.

Six cents ouvriers, représentant dix millions de travailleurs, ont pu se réunir pendant dix jours sans qu'une seule fois l'ordre cessât de régner; l'entente cordiale, la sagesse apportée aux délibérations, ont fait bon marché de certaines espérances.

Si quelques-uns ont été surpris de ce résultat, ce n'est pas nous; aussi renvoyons-nous à leurs auteurs les compliments faits à ce sujet : la véritable récompense réside dans la satisfaction du devoir accompli.

## PREMIÈRE QUESTION

### LE TRAVAIL DES FEMMES

Bien que cette question n'ait qu'un intérêt secondaire pour notre localité, à un point de vue moins restreint, elle est capitale.

La femme a-t-elle le même droit que nous au travail? Oui. L'homme doit-il, en s'emparant de travaux qui ne devraient être faits que par elle, entraver ses moyens d'existence? Non.

Mais les conditions dans lesquelles le plus souvent le travail des femmes se présente sont désastreuses et portent une atteinte grave à l'hygiène, à la morale.

Le Congrès a demandé la suppression, pour la femme, du travail de nuit dans les usines et manufactures.

La réduction des heures de la journée de travail à l'atelier à huit heures.

Le remaniement de la loi sur le travail des enfants dans les manufactures, fixant le minimum d'âge à treize ans et la durée du travail à six heures par jour, avec l'espoir qu'une loi positive, obéie, viendra remplacer des mesures hypocrites, qui laissent tout faire, et empêcher que les enfants, ces victimes sans défense, que notre temps jette à son *Moloch*, à la machine, à la fabrique, ne soient tués âme et corps, sans pitié !

Il a aussi demandé que le travail de la femme fait concurremment avec l'homme, soit rétribué également : *à travail égal, salaire égal.*

En attendant que le chef de la famille gagne assez pour la nourrir à lui seul ; que, sans toucher à l'Economie commerciale, l'on puisse supprimer pour nos femmes et nos filles tout travail en dehors du foyer, cherchons à améliorer leur condition. N'oublions pas, Citoyens, que la morale doit être, pour nous, la première des religions !

Et, quoi qu'on en dise souvent, quand nous nous représentons le soin que nous apportons à élever nos filles, craignant toujours d'effaroucher leur pudeur, cherchant des réponses naïves à des questions plus naïves encore, ce n'est pas sans crainte et surtout sans danger que nous nous voyons forcés de les envoyer dans ces grands ateliers, dans lesquels elles s'étiolent au physique et souvent se perdent au moral.

---

## DEUXIÈME QUESTION

### LES CHAMBRES SYNDICALES

La deuxième question que le Congrès avait à résoudre portait sur les chambres syndicales ; cette question, Citoyens, était aussi une des plus sérieuses.

Le fonctionnement des Chambres syndicales ne pourra être

réellement grand et efficace que lorsque les lois restrictives existantes seront abrogées.

L'article 291 du Code Pénal dit :

« *Nulle association de plus de vingt personnes dont le but sera de se réunir tous les jours, ou à certains jours marqués, pour s'occuper d'objets littéraires, religieux, politiques ou autres, ne pourra se former qu'avec l'agrément du gouvernement et sous les conditions qu'il plaira à l'autorité publique d'imposer à la société.* »

Les Chambres syndicales n'ayant pas pour elles de lois spéciales, l'article 291 leur est applicable. On invoque aussi contre elles les deux articles du Décret des 14-17 Juin 1791, qui sont beaucoup plus explicites ; en voici le texte :

« *Art. 1. — L'anéantissement de toutes les espèces de corporations des Citoyens d'un même état étant une des bases fondamentales de la Constitution française, il est défendu de les rétablir de fait, sous quelque prétexte et quelque forme que ce soit.* »

« *Art. 2. — Les Citoyens d'une même profession, les entrepreneurs, ceux qui ont boutique ouverte, les ouvriers et compagnons d'un art quelconque, ne pourront, lorsqu'ils se trouveront ensemble, se nommer ni présidents, ni secrétaires, ni syndics, tenir des registres, prendre des arrêtés ou des délibérations, former des règlements sur leurs prétendus intérêts communs.* »

Malgré toutes ces prescriptions, les Chambres syndicales existent à peu près partout et aucune poursuite judiciaire ne gêne leur action. Le régime auquel elles sont soumises s'appelle « tolérance. » La loi, pour elles, est vraiment tombée en désuétude ; aussi, le Congrès a-t-il demandé l'abrogation des articles précités ; cette demande, entraînant le retrait du projet de loi du citoyen Lockroy, sera présentée à la Chambre lors de sa rentrée.

Nous allons, Citoyens, examiner les bienfaits que les Chambres syndicales sont appelées à produire et les moyens pratiques d'un bon fonctionnement à l'abri des lois qui existent.

L'idée syndicale n'est autre chose que la réunion d'individus de la même profession, dans le but de défendre leurs intérêts et de rendre leur condition meilleure ; ce n'est pas, comme certains de nos détracteurs le disent, la guerre ouverte aux Capitalistes! Non; c'est le groupement pour le maintien de nos droits et le rappel de nos devoirs; c'est la conservation de la bonne entente qui doit exister entre le patron et l'ouvrier; c'est la suppression des abus provenant des agissements d'intermédiaires non autorisés et souvent payés pour les faire naître. Par les Chambres syndicales, Citoyens, nous apprendrons à nous connaître, à sortir de cette indifférence qui tue toute initiative en l'empêchant de se produire, nous apprendrons à traiter nos affaires nous-mêmes; et si nous voyons nos ennemis s'opposer avec tant de force à l'exécution de cette idée, qu'ils tournent en ridicule, c'est parce qu'ils savent que l'isolement, notre faiblesse jusqu'à ce jour, a été leur force.

Pour créer une chambre syndicale, on provoque, comme aujourd'hui, une réunion, en en demandant l'autorisation, on cause, on nomme une commission chargée d'en poser les bases et pouvant toujours se réunir à dix-huit ou dix-neuf membres sans autorisation; quand les statuts sont élaborés, on est simplement astreint à en déposer deux exemplaires à la préfecture, en notifiant la constitution de l'association. C'est la seule formalité à remplir.

Il ne serait pas sage de penser que cette institution nous donnera un bien-être immédiat. Non, il nous faudra du temps, de la persévérance; mais, plus nous en aurons, plus ses bienfaits seront grands. Aussi, sommes-nous chargés de vous dire au nom du Congrès : Soyez sages, sachez attendre, persévérer surtout. Si, parmi vous, il y en a qui disent : « Il y a longtemps que nous attendons! » dites-leur que nous rattrapperons le temps perdu. Vulgairement, on dit que le temps perdu ne se rattrape jamais; cette maxime est vraie et fausse. Elle est vraie, en ce sens que *les minutes écoulées ne sauraient revenir*; elle est fausse, si elle veut faire entendre que *jamais le présent ne peut payer la dette du passé.*

Pour le placement des fonds provenant de cotisations mensuelles, nous vous indiquerons un moyen de ne pas violer la loi, que tous nous devons respecter, même en la subissant.

---

## TROISIÈME QUESTION

### LES CONSEILS DE PRUD'HOMMES

Le Congrès a émis les vœux suivants :

Gratuité totale des frais de poursuites ;

Fonctions des Prud'hommes rétribuées ;

Éligibilité des Conseillers Prud'hommes depuis l'âge de vingt-cinq ans ;

Il s'est aussi élevé contre l'indifférence de l'ouvrier, en général, pour les élections de Prud'hommes auxquelles on n'assiste jamais, ce qui n'empêche pas de crier bien haut, quand l'occasion vous met sous le coup d'un jugement émanant d'hommes loyaux et impartiaux, mais ignorants des choses professionnelles.

Du reste, Citoyens, nous penchons à croire que vos Chambres syndicales rectifieront cet état de choses ;

L'abolition du *Livret* qui n'a plus aujourd'hui sa raison d'être et qui, quelquefois, par les signatures présentant divergences d'opinion de leurs auteurs, aide beaucoup l'ouvrier à ne pas être embauché ;

Les séances du Conseil, même de conciliation, publiques ;

Étendre la juridiction des Prud'hommes aux compagnies de chemins de fer, pour les conflits d'employés.

---

## QUATRIÈME QUESTION

### SOCIÉTÉS COOPÉRATIVES DE CONSOMMATION, DE PRODUCTION ET DE CRÉDIT

Bien des Sociétés coopératives de production ont vu le jour depuis vingt-cinq ans ; un grand nombre, hélas, sont tombées. Le Congrès a recherché les causes de ces insuccès et les moyens de les éviter et de les faire disparaître en partie.

Le capital nécessaire pour le fonctionnement d'une Société de production en coopération ne doit jamais venir d'en haut : si vous cherchez des capitalistes parmi ceux qui possèdent (chose logique en apparence), votre position n'est pas améliorée, vous changez de patron, vous vous donnez un maître nouveau, lequel est autorisé à vous dire, si vous lui parlez des bénéfices à partager : oui, à condition, cependant, que vous partagerez les pertes dans la même proportion que les bénéfices.

C'est vous dire que vous devez faire votre capital vous-mêmes ; vous y serez *cinq ans, dix ans,* selon l'importance de votre industrie, peu importe : Tout vient à point à qui sait attendre.

Le capital peut se former de plusieurs manières ; la plus prompte, je ne dis pas la meilleure, celle appelée à produire des résultats plus immédiats, consiste à placer des actions d'une valeur relativement minime et accessibles à tous ; on ne peut être propriétaire individuellement que d'une seule action ; on ne peut en opérer le transfert sans que le conseil de surveillance l'autorise. Il est bien entendu que la condition *sine qua non* pour posséder une action est d'être ouvrier.

Les causes principales d'échec sont bien connues : l'absence presque totale d'études préalables pour la formation de ces Sociétés ; la trop grande facilité donnée par des capitaux faits à l'avance, soit par des capitalistes, soit par des subventions de l'État ; l'argent qu'on n'a pas gagné coule vite dans les mains, on compte moins avec lui qu'avec celui qui représente souvent les privations qu'on s'est imposées pour former son apport ; l'inexpérience des associés ; l'inaptitude de la plupart des gérants et, surtout, l'indiscipline intérieure, causée par une fausse interprétation du principe d'égalité.

Mais il ne s'ensuit pas, par ce qu'un principe a été mal appliqué, qu'il soit mauvais.

Une Société coopérative devra aussi s'interdire tout recours aux arguments qui prennent leur base dans les sentiments généreux, qui ont toujours de l'écho dans le cœur des travailleurs, mais qui, souvent, les lancent à la poursuite d'un idéal impossible à atteindre. Cela ne veut pas dire qu'il faille être inhumain, non ; c'est affaire de vos Sociétés de secours et de vos Caisses de retraite. Voilà tout.

Nous pensons aussi, Citoyens, que le système d'un capital devenant impersonnel, indivisible, inaliénable, avec suppression de la répartition des bénéfices, est mauvais et peu fait pour attirer des adhérents : c'est un besoin, pour l'homme, de posséder. Tout en voulant le rendre meilleur, ne cherchons pas à corriger ce besoin qui est tout à la fois vice et vertu. Pas d'inaliénabilité ! Répartition de bénéfices et liberté d'action pour l'avenir.

Nous admettons donc le principe de l'intérêt, aussi celui des dividendes, c'est-à-dire tout le fruit du travail au travailleur : c'est le stimulant de l'activité humaine. Tout homme a le désir naturel, légitime d'acquérir, de posséder et de transmettre à ses enfants ce qu'il a acquis.

La répartition des bénéfices dans une association du genre de celle qui nous occupe doit être faite également entre tous, sans distinction d'emploi et sans s'occuper du taux des appointements.

Les Sociétés de consommation ont, jusqu'à ce jour, mieux réussi que les premières ; il est vrai de dire que leurs chances sont plus grandes, leur système économique est de suite compris de tous et il présente, dès le premier jour, un bénéfice assuré et certain.

Un produit quelconque n'est jamais vendu directement par ceux qui l'ont cultivé ou fabriqué à ceux qui le consomment ; d'ordinaire il passe entre les mains de plusieurs commerçants, qui tous le revendent plus cher qu'ils ne l'ont acheté. Il est exact que, comme compensation, quand il arrive au consommateur, il est loin d'avoir gagné en qualité : bien au contraire ! Ce n'est pas que les intermédiaires n'aient leur utilité ; mais comme il est avantageux de s'en passer, quand on le peut !

C'est pour y arriver que des citoyens se réunissent, forment, au moyen d'un premier versement et de légères cotisations, un fonds commun, lequel est employé à acheter en gros des marchandises revendues ensuite en détail aux sociétaires.

On gagne à cela d'avoir des marchandises de bonne qualité, on bénéficie de la différence du gros au détail, et la ménagère n'a plus à envier tel ou tel ménage qui est bien heureux de faire ses provisions en gros et qui paie moins cher..

Nous avons causé, au Congrès, de votre boulangerie coopérative et des moyens d'y adjoindre autre chose ; votre bureau aura à s'entretenir de cela avec vous. Permettez-nous de vous donner lecture du bilan d'une Société de Consommation qui comptent mille adhérents :

*La Revendication*, Société Coopérative de Putaux (capital actuel 25.000 francs) a fait du 4 Janvier au 31 Juillet, soit en six mois, pour 166.623 francs d'affaires.

| | | |
|---|---|---|
| Les bénéfices bruts ont été de...... | F. | 19.802 58 |
| Les frais généraux se sont élevés à. | » | 7.404 75 |
| Les bénéfices nets ont donc été de... | F. | 12.397 83 |

qui ont été ainsi répartis :

63 parts à la consommation, 25 parts au fonds de réserve et de consommation, 7 parts aux employés et 5 parts au Conseil et à la Commission de surveillance.

Nous devons dire qu'à l'encontre des Sociétés de production, beaucoup de Sociétés de consommation ne font pas de partage et que les bénéfices restent acquis à la Société, forment un fonds de réserve et servent, dans les mauvaises années, à maintenir les denrées au même prix que dans celles d'abondance.

Il existe aussi quelques Caisses de crédit ; malheureusement, elles sont trop souvent détournées du but pour lequel elles ont été créées.

Et puis, disons-le, ceux qui pourraient leur venir en aide aiment mieux, on se demande pourquoi, acheter des Mexicains ou des Obligations Turques. ! ! !

---

## CINQUIÈME QUESTION

### LA REPRÉSENTATION DIRECTE DU PROLÉTARIAT AU PARLEMENT

Jusqu'à ce jour, Citoyens, nous avons été peu ou point

représentés dans l'Assemblée ; le Congrès en a recherché les causes, et ces causes les voici :

Tous les gouvernements qui se sont succédé depuis cinquante ans, qu'ils se soient appelés Légitimité, Monarchie Constitutionnelle, Empire, ont eu tous le même objectif, entretenir parmi nous la division, l'isolement, nous empêcher de nous connaître, de nous apprécier, nous laisser croire, enfin, que telles ou telles capacités ne peuvent se rencontrer que dans telle ou telle classe de la société.

La République, c'est-à-dire le gouvernement actuel, dont vous connaissez la devise, nous dit : Travail, Union, Solidarité ! !

Trop longtemps, on a cru que pour faire de la bonne et saine politique il suffisait d'avoir fait ses humanités. Erreur ! Quand vous avez parmi vous un homme s'étant occupé une partie de son existence des questions sociales, ayant vécu, au jour le jour, de votre vie, possédant des capacités que vous aurez appréciées dans vos réunions ; eh bien ! Citoyens, ne lui demandez pas de connaître le latin, laissez de côté, surtout, tout esprit de jalousie, n'ayez pas peur de lui délivrer un brevet de supériorité, unissez-vous tous, comme un seul homme et désignez-le pour aller à la Chambre.

Seulement, quand viendra la période électorale, soyez prêts à la lutte, comprenez bien que pour la réussite d'un candidat, fût-il même ouvrier, il faut un journal ; et n'en voulez pas trop aux journaux de la localité, fussent-ils républicains, de ne pouvoir se charger de votre élection.

Un journal, à quelque nuance qu'il appartienne, est œuvre mercantile. Le gérant représente des actionnaires plus ou moins avides ; son devoir, pour justifier ses appointements... raisonnables, est de leur donner un gros dividende ; et, tout en suivant sa ligne de conduite politique, il ne peut oublier la question d'argent. Conclusion : Ayez un journal dont vous serez les actionnaires, consacrez-le à faire triompher vos idées, à faire arriver vos représentants, et, sans mettre de côté la bonne et sage administration, reléguez la question d'argent au second plan ; cherchez les moyens d'en dépenser le moins possible, ce sera sage, sans vous préoccuper d'autre but commercial. Votre dividende, Citoyens, sera plus grand : ce sera le triomphe certain, assuré, de vos candidats.

Évidemment, il faudra du temps ; mais l'échéance sera bien courte, mise en regard avec le temps écoulé jusqu'à ce jour ; nous pouvons compter les années à parcourir, nous ne comptons plus celles qui sont passées.

On nous objecte que les deux candidats ouvriers s'étant présentés aux dernières élections à Paris, ont échoué ; c'est vrai ; mais dans quelles conditions ont-ils échoué ?

Le citoyen Chabert, se présentant contre Pascal Duprat, passait d'emblée avec un déplacement de 121 voix sur 17.000 votants.

L'argent dépensé pour l'élection Chabert atteignit à peine 6.000 francs.

Son concurrent heureux a pu en dépenser dix fois plus, et vous voyez le résultat. Nous pensons que cet échec d'hier est un succès d'avenir.

Quant au mandat tel que le Congrès l'entend, n'y voyez, Citoyens, aucune injure pour le candidat ; d'ailleurs, sa démission signée en blanc et déposée entre les mains de ceux qui l'auront nommé, ne touche en rien, s'il tient ses engagements, à son initiative individuelle, sa dignité n'a rien à voir en ceci et l'honneur seul d'avoir été choisi entre tous justifie la mesure prise, mesure dont la sanction ne peut qu'être morale et que les leçons du passé nous commandent.

---

## SIXIÈME QUESTION

### DE L'APPRENTISSAGE ET DE L'ENSEIGNEMENT PROFESSIONNEL

Depuis quelques années, le programme de tout mandat républicain comporte en première ligne : Instruction publique obligatoire.

Ce mot, obligatoire, qui, à première vue, choque l'oreille, est cependant nécessaire ; l'autorité paternelle ne saurait s'élever contre, en suivant le raisonnement qui consiste à dire : « Mais, c'est une atteinte à la liberté individuelle. » Nous respectons cette liberté ; nous reconnaissons les droits de la paternité ; mais, nous ne pouvons admettre qu'un chef de famille ait la faculté, soit par faiblesse, soit par calcul, de soustraire ses enfants à l'école.

L'ignorance, pendant des siècles, a été le plus puissant moyen d'action pour dominer et asservir les masses ; n'a-t-on pas essayé, aussi, de faire croire que l'instruction était synonyme de perversité ! faisant de la naïveté et du manque de savoir la plus belle des vertus primitives, condamnant devant l'opinion la conduite de tel ou tel père assez osé pour donner à ses fils une instruction qu'il ne possédait pas lui-même. Nous voulons donc l'instruction. On nous accuse de vouloir réveiller les classes : nous voulons, au contraire, qu'elles n'existent plus !

Comme complément de l'instruction primaire, nous demandons l'instruction professionnelle : Cet enseignement existe, me direz-vous, presque partout. Nous le voulons autrement : c'est-à-dire que nous voulons former de bons ouvriers de l'avenir, et non de ces petits prodiges à qui, pendant plusieurs années on fait faire la même chose, qui deviennent spécialistes, très habiles, reconnaissons-le; si habiles que, tous réunis, ayant chacun leur spécialité, ils arrivent à faire concurrence à *papa*, pour le récompenser des sacrifices qu'il a fait pour eux.

Écoles d'apprentissage sérieuses, donnant les notions exactes aux enfants, ne les faisant pas travailler aux dépens de leur instruction primaire et surtout n'exécutant aucuns travaux en concurrence avec les ouvriers.

Comprenez bien, ici, ce mot concurrence : nous ne prétendons pas empêcher ces écoles de produire, mais nous voulons qu'elles produisent aux mêmes conditions. Le jour où on n'aura plus de bénéfices pécuniaires à les faire travailler, il est probable que, n'ayant guère chance de se rattraper sur la qualité, on s'empressera de n'y plus retourner.

Ce que nous disons pour les garçons s'applique également, avec plus de force, peut-être, aux ouvroirs de filles, tenus par des religieuses, et qui accaparent tout ce qui est susceptible d'être fait pour les grands magasins de lingeries et autres, et ce, à des prix, — toujours grâce aux spécialistes, — qui ne permettent pas à nos femmes et à nos filles de les suivre sur ce terrain.

---

## SEPTIÈME QUESTION

### LES CAISSES DE RETRAITE

L'homme jouit de la faculté de consommer jusqu'à son dernier jour; il n'en est pas de même de la production. Ses facultés de produire s'éteignent et il consomme encore : de là, pour lui, vient le besoin de songer à la vieillesse.

La grande préoccupation de l'ouvrier qui raisonne, c'est l'incertitude de l'avenir, ou plutôt la certitude d'un triste avenir. Exposé toute sa vie aux hasards inhérents à toute existence : maladie, charges de famille, chômage; après une jeunesse laborieuse et gênée, et quand arrive l'heure des infirmités et de la vieillesse, que lui reste-t-il comme perspective? La mendicité, les Petites-Sœurs, l'hôpital, ou bien la commisération de parents qui, déjà, se suffisent à peine.

Pendant bien longtemps le malheureux s'est contenté de cette suprême consolation qui consistait à lui faire entrevoir la félicité éternelle, dans un monde meilleur. Aujourd'hui, cela ne suffit plus : la raison a cherché et trouvé des moyens plus rationnels et pouvant s'appliquer dans le monde que nous habitons.

Tout en reconnaissant le bien que certains établissements philantropiques rendent à la vieillesse, qui de nous, appelé à visiter ces maisons de Charité, n'en est pas sorti le cœur gros en voyant ces vieillards, hommes libres autrefois, obéir à une consigne implacable, vis-à-vis de laquelle les vieilles traditions de la famille s'évanouissent.

Vivre avec ses souvenirs, c'est-à-dire : la jeunesse d'autrefois, les capacités de travail éteintes, la famille absente, la liberté perdue. Ah! mieux vaut mourir, Citoyens!

La Caisse de Retraite fonctionnant sur des bases solides, instituée par nous, pour des générations futures, si nous ne vivons pas assez pour en profiter : voilà le remède.

L'ouvrier prévoyant ne gagne pas toujours assez pour pouvoir payer des primes à une assurance quelconque sur la vie; la crainte d'un chômage forcé, d'une maladie, l'empêchent souvent de prendre des engagements qu'il ne pourrait tenir : les règlements des Compagnies ne connaissent que la ponctualité dans les versements. Une Caisse pour la vieillesse, bien établie, avec un règlement que vous aurez élaboré, saura prévoir ces différents cas. Nous mettrons à la disposition de vos Chambres syndicales différentes études sur ce sujet, ainsi que des règlements de sociétés fonctionnant depuis plusieurs années.

---

## HUITIÈME QUESTION

### NÉCESSITÉ DES RAPPORTS ENTRE LES OUVRIERS DE L'AGRICULTURE ET CEUX DE L'INDUSTRIE

La nécessité de bons rapports entre l'ouvrier de la ville et celui de la campagne n'a pas besoin d'être démontrée.

Le Congrès a recherché les moyens de faire disparaître, au moins d'amoindrir cet espèce d'antagonisme, toujours exploité avec succès, et qui commence à cette dénomination de *Campagnard* et de *Citadin*.

La chose, sans être facile, est possible.

Arriver, par une instruction autre que celle qui consiste à savoir lire et écrire, à détruire ce préjugé fortement enraciné chez le paysan, que l'ouvrier de la ville veut être plus que lui, que l'intérêt de l'un comme celui de l'autre ne sont pas solidaires; lui apprendre, au contraire, que l'ouvrier, pas plus que lui, ne veut de révolution, point de départ de tant de ruines et de misères; apprendre aussi à l'ouvrier des villes que le moyen de tuer l'indifférence de l'ouvrier agricole n'est pas de la condamner bénévolement, mais de la combattre avec une énergie mêlée d'indulgence, eu égard au milieu qu'il habite.

Le plus malheureux des deux n'est pas celui qu'on pense : l'ouvrier industriel qui travaille dix à douze heures dans une atmosphère malsaine n'a rien à envier à ceux qui s'occupent des travaux des champs, respirant l'air pur aux caresses d'un soleil brûlant.

Je ne puis vous parler des conclusions du Congrès à ce sujet : cette question se présentant la dernière, les membres faisant partie de la commission nommée à cet effet ont été forcés de les donner séance tenante. Nous la considérons donc comme réservée au prochain Congrès qui trouvera, sans doute, les moyens pratiques d'y remédier.

---

Et maintenant, citoyens, un dernier mot.

On accuse le Congrès d'avoir beaucoup dit et d'avoir peu fait, de s'être livré à de vaines déclamations touchant le mal bien connu, oubliant d'en indiquer le remède et les moyens de l'appliquer ; ces accusations faites un peu à la légère, si elles ne le sont de parti pris, doivent peu nous toucher.

Quel était le mandat confié à vos délégués ?

Prendre part aux travaux du Congrès, à ses délibérations, aux votes des conclusions prises, émises sous formes de vœux et représentant vos plus chères aspirations ! ! Pouvions-nous faire des lois ? Il n'appartient qu'à nos législateurs de changer l'ordre de chose établi.

Notre mission était plus modeste, nous croyons l'avoir remplie dans la mesure de nos propres forces.

Pas d'illusions ! nous savons qu'il y aura toujours des riches et des pauvres, nous voulons en diminuer le nombre, voià tout ; nous voulons que l'ouvrier n'oublie jamais ses *devoirs*, afin qu'on se souvienne toujours de ses *droits*.

Défions-nous de ceux qui trouvent une chose mauvaise avant d'y avoir goûté ; on a bien vite fait de condamner un système et de juger, par des mots, sa mise en pratique impossible.

Citoyens, serrons nos rangs, soyons bien convaincus que

jamais notre émancipation ne sera l'œuvre des lois tant que nous ne serons pas appelés à travailler à leur confection. L'amélioration du sort des travailleurs ne peut venir que de leur action collective, soutenue de leur volonté commune, ferme, inébranlable et persévérante.

*Les Citoyens, délégués :*

RISSETTO ; A. GODEFROY, Rapporteur.

---

# RAPPORT DE LA COMMISSION D'INITIATIVE

CITOYENS,

Le Comité d'initiative croit devoir vous expliquer de qui il tient ses pouvoirs et vous rendre compte de la façon dont il a rempli le mandat qui lui avait été confié.

Le 16 septembre dernier, sept citoyens, appartenant tous à la métallurgie, se réunissaient pour rechercher les moyens d'établir dans leur corporation une Chambre syndicale ouvrière.

Persuadés que cette organisation pouvait rendre de grands services aux travailleurs, ils provoquèrent une réunion plus nombreuse, entièrement composée d'ouvriers en métaux, à l'exception de deux ou trois citoyens n'appartenant pas à la métallurgie, mais sur le concours de qui ils savaient pouvoir compter.

Cette réunion eut lieu le 22 septembre, et c'est d'elle qu'est sorti le Comité d'initiative pour la création de Chambres syndicales ouvrières, à qui il a été donné pour mandat :

1° De s'assurer le concours du citoyen Chabert, ouvrier graveur, de Paris, pour donner une conférence sur l'utilité et la formation des Chambres syndicales ouvrières ;

2° D'organiser cette conférence ;

3° D'ouvrir une souscription pour en couvrir les frais et pour faciliter l'envoi de délégués au Congrès ouvrier.

Le Comité s'est de suite mis à l'œuvre et, malgré les difficultés que lui créait la date si rapprochée de l'ouverture du Congrès, il a pu préparer la conférence qui a eu lieu dans cette salle le 1er octobre, conférence à l'issue de laquelle les travailleurs du Havre ont délégué deux des leurs au Congrès.

La souscription ouverte par le Comité a obtenu un résultat dépassant ses espérances, car il n'ignorait pas qu'il ne pouvait guère compter que sur l'adhésion des travailleurs, dont la bonne volonté se trouvait paralysée par la violente crise de chômage que nous traversons.

Son produit a été assez fort pour permettre l'envoi de deux délégués, à chacun desquels il avait été alloué primitivement 140 fr.; mais cette allocation a été portée à 150 fr., en considération de ce que les délégués avaient neuf jours pleins à passer à Paris, au lieu de huit, comme le Comité l'avait d'abord supposé.

De plus, le Comité a pu faire verser à la caisse du Congrès la somme de 40 fr., comme souscription des travailleurs du Havre.

| | | |
|---|---|---|
| La souscription a produit........... | F. 458 50 | |
| La collecte à l'issue de la conférence a produit.............................. | » 73 50 | |
| Total............... | F. 532 10 | F. 532 10 |
| Les dépenses du Comité ont été de 449 fr. 05, suivant détail : | | » 449 05 |
| Location de la salle et frais de convocation ................................ | F. 57 — | |
| Frais nécessités par la venue du citoyen Chabert........................ | » 43 35 | |
| Indemnité aux délégués............ | » 300 — | |
| Souscription au Congrès............ | » 40 — | |
| Frais de lettres, dépêches, mandats, journaux et brochures envoyés aux délégués.................................. | » 8 70 | |
| Somme égale....... | F. 449 05 | F. 449 05 |
| Il reste donc en caisse une somme de........... | | F. 83 05 |

que le Comité vous propose d'appliquer au fonds de caisse de la Chambre syndicale ouvrière de la métallurgie. Cette somme sera mise à sa disposition, dès qu'elle sera constituée.

Le Comité d'initiative croit avoir rempli son œuvre et n'avoir plus de raison d'être; il considère ses pouvoirs comme étant maintenant expirés; mais, avant de vous les remettre, il croit devoir vous signaler la conduite du citoyen Chabert qui, dans un moment où sa présence était presque indispensable à Paris, est venu au Havre nous prêter l'appui de son talent et n'a voulu recevoir aucune rémunération. C'est à peine si nous avons pu lui faire accepter le remboursement d'une partie de ses dépenses.

Le Comité ne peut passer sous silence un tel acte de bonne confraternité, et a l'honneur de vous proposer de voter au citoyen Chabert une adresse de remerciments pour la façon dont il a compris la solidarité entre les travailleurs.

Imp. Maudet, Godefroy et Cie, 19, quai d'Orléans, Havre.

www.ingramcontent.com/pod-product-compliance
Lightning Source LLC
LaVergne TN
LVHW010321230826
846091LV00009B/3745

* 9 7 8 2 0 1 3 6 7 0 6 3 0 *